George Paul Huber

Suche nach Wahrheit

Herstellung und Verlag
Books on Demand GmbH, Norderstedt
ISBN 978-3-8370-7580-9

Books on Demand GmbH
In de Tarpen 42, 22848 Norderstedt
Tel. +41(0)43-499 07 20
Fax +49(0)40-53 43 35-84
E-Mail: info@bod.de
http://www.bod.ch

Inhalt

Lebenssinn

Liegt der Sinn im Leben
im Nehmen oder Geben?
Wer beantwortet meine Fragen,
und hilft mir, es zu wagen?

Finde Ruhe und lass Dich leiten von Deiner Kraft,
Dein Gefühl kann Dich nicht irre führen.
Auch wenn Deine Umwelt darüber lacht,
oder gar verschliesst Dir ihre Türen.

Gelingt Deine Bekenntnis zu Dir,
strahlst Du echte Freude und Liebe aus.
Dann spürst Du, weshalb Du bist hier,
wo sich befindet Dein wahres Zuhaus.

(aus meiner Gedankenwelt im Jahre 1977)

Auf den Spuren von Christus

Als Kind einer protestantischen Arbeiterfamilie hatte ich keinen besonderen Bezug zur Bibelgeschichte, und ehrlich gesagt, sie interessierte mich auch nicht. Dies änderte sich schlagartig, als in unserem Wohnblock ein amerikanischer, baptistischer Missionar mitsamt seiner Familie einzog. Dazumal war ich neun Jahre alt und ein sogenanntes „Schlüsselkind", das den Wohnungsschlüssel um den Hals trug, da beide Elternteile arbeiteten. Ich hatte grosse persönliche Probleme und fühlte mich oft einsam. Da kamen mir die freien Bibelstunden von Jim Morrison wie gerufen, denn er war ein fröhlicher, liebenswerter Mensch.

Er brachte uns die Christus-Geschichten so lebens- und hautnah bei, dass wir dessen Anwesenheit förmlich zu fühlen begannen, und sie uns zunehmend natürlich und vertraut vorkam. Jim lehrte uns, täglich mit Christus so zu sprechen, als wäre er unser bester Freund.

Diese persönlichen Gespräche mit Christus waren für mich sehr wichtig, und Hilfestellungen oder „kleine Wunder" von seiner Seite erlebte ich häufig.

Diese Zwiesprache ist bis heute eine Kraftquelle meines Lebens und meiner Tätigkeit geblieben.

Meine Begegnungen und Erfahrungen mit Christus blieben jedoch mein Geheimnis, das ich auch dazumal mit Jim nicht teilte, der nach zwei Jahren wieder nach Amerika zurückkehrte, und den ich nie wieder sehen sollte.

in Glastonbury 1983
Die traditionelle Bibelgeschichte stellte ich nicht in Frage, bis zu dem Tag, als ich mich auf einer spirituellen Pilgerfahrt in England befand. Ich war seit 1980 Schüler eines englischen Geistheilers und beschäftigte mich in der Freizeit mit esoterischen Themen. Daneben führte ich jedoch ein höchst erfolgreiches Berufsleben und trotz spontanen Heilerfolgen, die ich erfahren durfte, war für mich das Ganze eher eine exotische Abwechslung, denn eine echte Herausforderung.

So stand ich denn, teils erwartungsvoll, teils innerlich spöttisch lächelnd, am 11.6.83 im Flughafen Heathrow, wo unser Lehrer die Pilgerschar traf für eine achttägige spirituelle Reise nach Avalon.

Tagsüber besuchten wir geschichtsträchtige Orte, und am Abend diskutierten und meditierten wir über unsere dazugehörigen Wahrnehmungen.

Einer Sage nach war Joseph von Arimathea in den damaligen Handel zwischen der römischen Provinz in Palästina und England involviert und nahm auf eine der Schiffsreisen den damals ca. 14-jährigen Jesus mit. Das Schiff habe nahe bei Priddy angelegt, und Jesus hätte mit den dortigen Kindern gespielt. Ein Ausspruch der ansässigen Bevölkerung soll noch heute an diesen Besuch erinnern, da bei schönem Wetter gesagt werde: „Es ist ein solch schöner Tag wie dazumal, als der Lord kam".

Doch von alledem wusste ich nichts, als wir die kleine Dorfkirche von Priddy betraten. In einer Ecke der Kirche befand sich ein spezieller Platz für Kinder, der mich magisch anzog. Bei der Betrachtung eines Bildes, das Jesus als Jüngling darzustellen schien, durchfuhr mich plötzlich ein Lichtimpuls, und ich spürte eine ungeheure Kraft und gleichzeitig ein unbeschreibliches Glücksgefühl. Wie erstarrt blickte ich unverwandt auf das Bild, das lebendig geworden schien. Nie zuvor hatte ich

Aehnliches erlebt. Das Gespräch, das dann auf geistige Weise erfolgte, kann ich nicht mehr wiedergeben, ausser einer Kernaussage:

„Suche den Sinn und die wahre Bedeutung meines Lebens".

Als ich nach einer Weile wieder zu mir kam, nahm ich verstohlen ein Photo von diesem Bild (siehe Abbildung Seite 5). Die anderen Gruppenteilnehmer hatten von allem nichts bemerkt, da jeder auf seine eigene Art die Kirche besuchte. Das Photo aber hat mich seither begleitet und seine Wirkung auf mich bewahrt.

Obwohl auch andere Orte, die wir auf dieser Pilgerreise besuchten, nachhaltige und tiefgehende Eindrücke hinterliessen, waren sie mit der Ausstrahlungskraft, die Priddy bei mir hinterliess, nicht zu vergleichen. Orte der Kraft waren für mich der Thor von Glastonbury, der Wearyall Hill mit dem legendären Glastonbury-Dornbusch, von dem berichtet wird, dass sein Ursprung auf einen von Joseph von Arimathea eingeschlagenen Spazierstock herrühre, sowie die Abbey von

Glastonbury. Hier sollen das Schiff und möglicherweise Gräber der heiligen Familie liegen, die nach der Kreuzigung von Jesus über Frankreich nach England geflüchtet sei. Ungeachtet eines überprüfbaren Wahrheitsgehaltes hallten bei mir die mystischen Eindrücke noch lange nach, und vergleichbare Energiezentren sollten mir erst vier Jahre später wieder an einer ganz anderen Ecke der Welt begegnen.

in Kaschmir 1987
Im Winter 1986 gelangte das Buch von Holger Kersten „Jesus lebte in Indien" zufällig in meine Hände. Nach seiner Theorie wurde Jesus nach der Kreuzigung von den Essenern wieder zum Leben erweckt und später nach Indien gebracht, wo er dann im Verborgenen weiterwirkte und auch begraben sein soll. Dies erschien mir so ungeheuerlich und provozierend, dass ich spontan beschloss, der Geschichte am Ort des Geschehens nachzugehen.

So landete ich am 1.7.87 in Srinagar, Kaschmir, und bezog ein Hausboot mit dem Namen „Devdar" im Nageen Lake. Einen der ersten Ausflüge unternahm ich zu Fuss auf den Berg Barehmooleh, auf dem ein sagenumwitterter Tempel, Thron Salomons genannt, steht. Dieser Ort strahlte für mich keine besondere Energie aus, und etwas enttäuscht stieg ich den langen Treppenaufgang wieder ab.

Beinahe unten angekommen, trat plötzlich ein bärtiger Inder aus dem Gebüsch und schaute mich mit einem durchdringenden Blick an. Er redete mich kurz an, aber ich verstand nichts. Da er mein Englisch ebensowenig verstand, schauten wir uns eine Weile einfach in die Augen. Sein Blick war wie Feuer, und eine Weile schien die Zeit still zu stehen.

Von oben kam der Lärm einer Familie, ebenfalls auf dem Abstieg, und so deutete ich kurz fragend auf meinen Photoapparat. Er nickte nur. Nachdem ich zweimal geknipst hatte, verschwand er wieder so plötzlich in den Büschen, wie er aufgetaucht war. Sein Blick jedoch strahlt noch heute in meinem Bewusstsein und das untrügliche Gefühl, eine wichtige Begegnung gehabt zu haben.

Einige Tage später beschloss ich, das Grab des Moses aufzusuchen und orientierte mich anhand der

Beschreibung von Holger Kerstens Buch. Bis zum Dorf Aham Sharif war es relativ einfach, aber dann folgte ein Fussmarsch nach Booth, auf einem steilen Weg, der eigentlich keiner war. Zusammen mit einem Jungen der Hausbootfamilie als Begleiter fragten wir uns mühselig durch und erreichten endlich den beschriebenen Platz.

Es lag eine seltsame Stimmung in der Luft, und man spürte, dass selten Fremde hier hinauffanden. Argwöhnisch beäugt, führte man uns schliesslich zum Wali Rishi, dem Grabwächter, dessen Familie das Grab seit mindestens 2700 Jahren betreuen soll. Es wurde Tee gebracht, und er liess mich in einem uralten Gästebuch eine Eintragung machen. Keine zehn Personen hätten heuer den heiligen Platz gefunden, brummte er dazu mit feierlicher Miene.

Schliesslich führte er uns zum Grabstein von Moses, und ich meditierte dort eine Weile. Es waren Momente von tiefer Ruhe und Glückseligkeit, und ich empfand eine selten zuteilgewordene Gnade. In Gedanken versunken stiegen wir später wortlos wieder ab und liessen einen mystischen Ort zurück, der sein Geheimnis wohl weiterhin gut behüten wird.

Ich war nun absolut überzeugt, dass an der Geschichte von Holger Kerstens etwas dran sein musste und freute mich riesig auf den Besuch von Roza Bal, der Grabstätte von Yuz Asaf (Jesus), mitten in der Altstadt von Srinagar gelegen. Zwei Tage später sass ich ganz allein im heiligen Grabgebäude und meditierte.

Unverhofft durchfuhr mich auf einmal dieselbe Energie, die ich dazumal in Priddy/England gespürt hatte, und es war mir, als wäre ich nicht mehr allein. Der Raum schien mit Licht gefüllt, und ich getraute mich kaum noch zu atmen.

Ich kann das Erlebnis nicht beschreiben, weder die Energien noch die Mitteilungen, die ich in meinem Inneren erfuhr. Irgendwann kamen dann weitere Besucher herein, und ich nahm noch eine Photo von der Öffnung in der Mauer, die auf die tief gelegene Grabkammer blickte.

Später in der Schweiz erschien genau dieses Photo nicht belichtet - das einzige Photo, das ich jemals als leer zurückerhielt. Ich habe es akzeptiert und es war ein Grund mehr, mit niemandem darüber zu sprechen - bis heute. An jenem Abend kam ich überglücklich zurück zum Hausboot mit dem Gefühl, das Ziel meiner Kaschmir-Reise erfüllt zu haben und beschloss, die restliche Zeit als normaler Tourist zu verbringen.

Kurz darauf, es war an einem Sonntagmorgen, lud mich ein Maler aus der Schweiz, der ebenfalls an den Gestaden des Nageen Lakes weilte, zu einem Besuch bei einem australischen Geschäftsmann ein, welcher ein schönes Hausboot besässe.
Wir ruderten mit einem kleinen Boot dorthin und wurden freundlich begrüsst. Allerdings musterte mich der Mann, der sich als Eric vorstellte, sehr eigentümlich und fragte mich mehrmals nach den Gründen für meinen Aufenthalt in Kaschmir. Ich beteuerte, mich für Land und Leute zu interessieren, was ihn aber nicht zu befriedigen schien.
Geschickt arrangierte er es, dass wir uns eine Weile unter vier Augen begegneten, worauf er nochmals

die Gründe meines Hierseins wissen wollte. Etwas verschlüsselt antwortete ich ihm, dass ich nebst Ferienaufenthalt noch mystischen Spuren aus der Vergangenheit nachginge. Nun bohrten sich seine Augen buchstäblich in mich hinein, und er forderte mich auf, ihm die ganze Wahrheit zu sagen.

Da platzte ich hinaus, ich sei auf den Spuren von Jesus und .... als er aufsprang wie von einem Blitz getroffen und vor sich hin stammelte, er hätte es sofort geahnt, dass ich einer von denen sei. Etwas irritiert von seiner Reaktion, stellte ich mich naiv, was er aber nicht gelten lassen wollte. Er beharrte darauf, dass ich auf einer ganz wichtigen Mission sei und daran wäre, eine Wahrheit zu entdecken, die die Welt verändern könnte. Bis in alle Details wollte er meine Eindrücke meiner bisherigen Entdeckungsreise geschildert bekommen und nickte stets nachdenklich aber bejahend.

Schliesslich offenbarte er mir, dass er ein Nachkomme des letzten Mogul-Herrschers von Kaschmir sei und sich alte Schriften in seinem Besitz befänden, die weitere Beweise dafür enthielten, dass Jesus tatsächlich in Kaschmir gelebt hätte. Die herrschenden Mächte würden jedoch alle Beweise unterdrücken und jeder, der zuviel wisse, sei in potentieller Gefahr. Es wären auch Verbindungen vorhanden von Jesus zu Buddha sowie zu Mohammed, die alle gültigen Glaubensgrundlagen in Frage stellen würden. Die Zeit sei noch nicht reif für sämtliche Enthüllungen, aber es sei wichtig, diesen Spuren weiter nachzugehen.

Tief bewegt und beeindruckt verliess ich dann zwei Stunden später das Boot. Ich habe Eric nie wieder gesehen, und mein Brief an seine Adresse in Australien blieb unbeantwortet. Die restliche Zeit in Kaschmir verbrachte ich mit Trekking und verschiedenen Ausflügen und begann, etwas Distanz vom Vorgefallenen zu nehmen, das mir zunehmend als rätselhaft und unglaublich vorkam.

in Palästina
Doch schon einige Monate nach meinem Kaschmir-Abenteuer entschloss ich mich spontan, an einer Pilgerreise nach Israel teilzunehmen. Es war meine erste Reise an die biblischen Stätten, und ich

war sehr begierig, mehr vom Leben von Jesus zu ergründen. Allerdings beraubte mich bereits der Besuch von Bethlehem meiner Illusionen, grossartige Visionen und Begegnungen haben zu können. Ernüchtert stellte ich dann auf Golgatha fest, dass ein geschichtsträchtiger Ort noch gar keine Gewähr bietet für aussergewöhnliche Erlebnisse.

Ich spürte zwar an einigen Orten relativ starke Energiefelder, unter anderem auf dem Kreuzigungsweg in Jerusalem sowie am See Genezareth auf dem Hügel, wo Jesus seine Bergpredigt gehalten hatte. Aber erst in Qumram, am Toten Meer, im Bergmassiv nahe den Ruinen des ehemaligen Essener-Klosters, kehrte die eigentümliche, für mich sehr bedeutungsvolle Lichtkraft zurück und verhalf mir zu einem wunderbaren Meditations-Erlebnis. .... Es überzeugte mich, dass Jesus hier gelebt hatte.

Mehr kann ich davon nicht berichten, da ich der Meinung bin, dass Meditationen geistige Zwiegespräche persönlicher Natur sind, und normalerweise nicht offenbart werden sollten.

Qumram erschien mir dann später mehrmals in Träumen und Visionen und entschädigte mich für eine ansonsten strapazenreiche und eher unbefriedigende Reise.

in Kerala 1991
Einige Jahre waren vergangen, und die Erlebnisse auf den Spuren von Jesus etwas in den Hintergrund gerückt, bis ich 1991 erneut eine Abenteuerreise nach Indien unternahm.

Nach Besuchen im Ashram von Sai Baba sowie der Palmbibliothek von Bangalore, begab ich mich für einige Tage nach Kerala, an den Strand von Kovalam, um mich richtig auszuruhen. Dort, etwas gelangweilt vom Strandleben, entsann ich mich des Buches von Holger Kersten, der darin geschrieben hatte, dass nahe bei Kovalam Puvar läge, das biblische Ophir, wo Apostel Thomas gelandet sei für seinen Missionsauftrag in Indien.

So machte ich mich an einem Sonntagmorgen auf nach Puvar und erklomm einen Hügel, der eine wunderbare Aussicht auf die Bucht bot. Argwöhnisch beobachtet von der einheimischen Bevölkerung spürte ich, dass hier keine Pilgerstätte sein konnte. Mit grossem Erstaunen fand ich dann aber oben auf dem Hügel eine kleine protestantische Kirche, in der gerade der Gottesdienst beendet war. Der Pfarrer, ganz in weiss gekleidet, trat heraus und fragte mich, was mich wohl hierher führen würde, da hier oben nichts zu sehen sei. Ich erzählte ihm mit wenigen Worten von der Saga, was ihn sehr zu überraschen schien, und er meinte dazu, davon hätte er noch niemals irgend etwas gehört. Er fragte noch seine „Kirchenältesten", aber auch sie wussten von nichts.

So sassen wir eine Weile beisammen zum sonntäglichen Palaver. Bei der Verabschiedung lud er mich ein zum Heiligabend-Gottesdienst, der in drei Tagen war.

Es war recht schwierig, einen Wagen zu finden, der mich des Nachts von Kovalam nach Puvar bringen konnte, aber schliesslich gelang es mir, und so traf ich gegen 22.00 Uhr in der kleinen Kirche ein.

Die ganze Gemeinde, die schon mitten im Festgottesdienst war, verstummte gänzlich, als ich eintrat. Unzählige Augenpaare musterten mich, als ich nach vorne schritt, zum Pfarrer, der mir mit einer

Geste andeutete, auf einem Stuhl vorne neben ihm Platz zu nehmen. Darauf stellte er mich auf Hindi der Kirchgemeinde vor, welche klatschte - wofür weiss ich nicht. Er fragte mich dann, ob ich bereit wäre, eine Weihnachtsbotschaft an die Gemeinde zu richten, auf englisch, die er auf Hindi laufend übersetzen würde.

Obwohl ich völlig unvorbereitet war, nickte ich zustimmend, worauf ich erneut diese Lichtstrahlen-Kraft spürte, die mich jeweilen in einen meditativen Zustand versetzt.

Ohne zuvor in einer Kirche gesprochen zu haben, hielt ich eine Weihnachtsansprache von rund 20 Minuten, deren Inhalt ich nicht wiedergeben kann, da mir die Worte auf geistige Weise praktisch in den Mund gelegt wurden. Der Pfarrer übersetzte Satz für Satz, und die Gemeinde lauschte in glückseliger Ruhe.

Offenbar gefiel ihnen der Inhalt, da sich der Pfarrer am Ende überschwenglich bedankte, und die ganze Gemeinde erneut in Ovationen ausbrach. Das Ganze empfand ich als sehr wundersam, und fühlte mich als Statist in eine Hauptrolle versetzt.

Gegen Mitternacht wurde ich herzlichst verabschiedet und kehrte wohlbehalten die 23 km nach Kovalam zurück und wenige Tage später in die Schweiz.

in Hendschiken/Schweiz

Am 19. Januar 1992 eröffnete ich im Aargau mein eigenes spirituelles Ausbildungs- und Heilzentrum, LIVITRA, das von Anfang an unter einem glücklichen Stern stand.

Einige Monate nach der Eröffnung erhielt ich einen etwas seltsamen Anruf einer Seminarteilnehmerin, welche mich inständig bat, einen Bekannten von ihr zu behandeln. Normalerweise lehne ich Anfragen von Drittpersonen ab, aber als sie mir erklärte, der Bekannte sei katholischer Priester und stamme aus Indien, liess ich mich umstimmen.

Niemals zuvor war ein Priester zu mir gekommen, und nun ausgerechnet einer aus Indien. Als er dann erschien, fragte ich ihn beiläufig, woher er komme. Aus der Gegend von Trivandrum/Kerala gab er zur Antwort. Ich spürte förmlich, wie sich mein Energiepotential sprunghaft erhöhte, als ich ihn darauf nach seinem Namen befragte. Als er mit

„Thomas" antwortete, fuhr es mir durch Mark und Bein.

Was sollte nun das für mich bedeuten? Wie in einem Film sah ich mich wieder in Puvar auf dem Hügel in der kleinen Kirche.

Ich hatte einige Mühe, meine Erregung in den Griff zu bekommen und mich auf die geistige Heilung zu konzentrieren. Doch dann spürte ich ungewöhnliche Lichtströme, die Thomas erfassten und ihn zu verändern schienen.

Sie versetzten auch mich in perfekte Einstimmung und vollendeten den Heilungsakt in einmaliger Harmonie und Schönheit.

Später erzählte ich ihm die Geschichte von Puvar, von der er keine Ahnung hatte, und die ihn überaus erstaunte. In gegenseitiger Achtung wurden wir Freunde und begründeten an der spirituellen LIVITRA-Weihnachtsfeier vom 13.12.1992 ein Kinderhilfswerk in Kerala.

Thomas kehrte nach seinem Doktorat in katholischer Theologie nach Trivandrum zurück, und am 7.1.95 weihten wir gemeinsam das Werk offiziell ein. Es liegt ein wahrer Segen darin und bereits werden über 300 Kinder betreut.

Résumé

Meine Erfahrungen auf den Spuren von Jesus kann ich unmöglich logisch erklären, doch gehen die Ereignisse wie ein roter Faden durch mein Leben. Offenbar waren diese Begebenheiten für mich wichtig und notwendig; ohne sie hätte ich es wohl nie gewagt, als spiritueller Lehrer tätig zu werden.

Der Strahlkraft, die regelmässig in Vorträgen, Kursen, Meditationen und Heilsitzungen auftaucht, habe ich den Erfolg meines Wirkens zu verdanken. Sie ist es, die das Bewusstsein von zahlreichen Menschen erleuchtet und damit echte Heilung und Transformation ermöglicht.

Ich nenne diese Kraft einfach das LICHT. Wie andere Menschen die Kraft des Lichtes, die Liebe, benennen, spielt für mich keine Rolle mehr, ebensowenig wie deren Kultur- oder Religionszugehörigkeit. In diesem Sinne hat auch die historische Wahrheit des Lebensweges von Jesus seine Anziehung verloren.

Als entscheidend für die Verbindung und Zusammenarbeit mit Lichtkräften erweist sich die wahre Gesinnung eines Menschen. Der Herzenswunsch, anderen zu helfen und die Freude aller zu vermehren, ist der Boden, auf dem gesät wird.

Bedingungslose Liebe zu leben ist ein Ziel, das nicht einfach zu erreichen ist. Sie ist nicht zu verwechseln mit der allzu süssen, schönfärberischen und heuchlerischen Pseudo-Liebe, wie sie in einigen Esoterik-Kreisen gepflegt wird, nach dem Motto alles ist gut und lieb. Liebe kann durchaus bedeuten, anderen Menschen Grenzen zu setzen, Klarheit zu schaffen, oder Verantwortungen und Gesetzmässigkeiten aufzuzeigen.

Dir, lieber Leser, wünsche ich auf Deinem persönlichen Lichtweg viel Vertrauen und Mut zur irdischen Verwirklichung. Lass **Deine** einzigartige „Blume der Liebe" mit eigenem Duft und naturechten Farben erblühen - Du wirst Freude und Erfüllung ernten.

Meister Morya (Dona Lita gewidmet)

Der Mut zur eigenen Meisterschaft

Begegnung mit Krishnamurti in Madras 1989

Es war anfangs November 1989, als ich eine Vision hatte und die Botschaft vernahm, ich möge nach Madras gehen, um dort einen geistigen Lehrer zu treffen. Ich zögerte aber, da ich dort niemanden kannte und gar keine Lust verspürte, nach Indien zu reisen.

Von Madras war mir lediglich bekannt, dass sich dort das Zentrum von Jiddu Krishnamurti befindet - Jiddu war aber bereits einige Jahre zuvor gestorben. Und um Verstorbene zu treffen, brauchte ich nicht so weit zu fliegen. Wenn ich ihm hätte lebend begegnen können, wäre ich morgen schon geflogen, denn Krishnamurti ist für mich der Wahrheitslehrer überhaupt, dem ich zutiefst Respekt zolle und zu dem ich stets eine starke Verbindung gespürt habe. Seine Bücher sind wahre Juwelen für geistige Erkenntnis und Selbstfindung. Aber da mir Totenkult überhaupt nicht liegt, überlegte ich hin und her.

Als sich schliesslich die Vision wiederholte, wurde mir klar gesagt, es wäre ein lebender Meister, den ich treffen würde. So entschloss ich mich dann für die Reise und flog am 16.12.89 nach Madras. Ganz allein durchstreifte ich die Stadt, besuchte das Krishnamurti-Zentrum sowie die theosophische Gesellschaft. Aber weit und breit war kein Meister in Sicht.

Schon am zweiten Tag begann ich mich zu ärgern, denn Madras gefiel mir überhaupt nicht - ich empfand es als stinkig, lärmig und erst noch unnötig teuer. So nahm ich am Samstagabend Kontakt auf mit der geistigen Welt und erklärte ihr, dass ich am Montag abreisen werde, um Ferien am Strand zu machen. Ich hätte bereits genug davon, mich in Madras herumzuschlagen.

Am nächsten Tag, es war ein strahlender Sonntag, spazierte ich nochmals durch die Strassen von Madras und landete schliesslich erneut im Krishnamurti-Zentrum. Immerhin gab es dort einen wunderschönen Garten mit alten Bäumen, und so setzte ich mich hin und las in einem Buch. Nach einer Weile erschien eine Gruppe von Jugendlichen, offenbar Schüler der Krishnamurti-Schule. Ich unterhielt mich lebhaft mit ihnen und empfand den langweiligen Sonntag als einigermassen gerettet. Plötzlich fuhr ein kleines weisses Auto vor das

Hauptportal des Zentrums, und ein Inder stieg aus. Wir sassen ca. 100 Meter entfernt auf der Veranda, und ich sah, trotz der Distanz, einen weissen Auraschimmer über der Gestalt.

Wie elektrisiert sprang ich auf und fragte die jungen Leute, ob sie diesen Ankömmling kennen würden. Doch niemand kannte ihn. Ich starrte gebannt in die Richtung des fremden Besuchers, um den sich unterdessen drei bis vier Personen aus dem Zentrum gruppiert hatten. Auf einmal löste er sich von der Gruppe und schritt andächtig, aber zielstrebig der Veranda entlang, genau in unsere Richtung. Ich glaubte, mein Atem würde still stehen, und meine Hände wurden feuchter, je näher er kam.

Er stellte sich direkt vor mich hin, streckte mir nach westlicher Art die Hand hin und sprach auf englisch, er würde sich freuen, mich zu treffen. Ich machte eher einen unglücklichen und bestürzten Eindruck, erwiderte den Gruss und stammelte etwas von grossartiger Ausstrahlung, die er hätte.
Er lächelte nur und meinte dann, indem er die ganze Gruppe der vier bis fünf Jugendlichen miteinschloss, wenn wir Lust hätten, könnten wir ihn

in ungefähr zwei Stunden unter dem grossen Baum treffen und mit ihm diskutieren. Freundlich nickte er allen zu und schritt wieder zurück, um im Hauptportal zu verschwinden.

Da die Jugendlichen gegen Abend weiterreisten, blieben nur ein japanisches Mädchen, das ebenfalls als Touristin in Madras weilte und ich selber zurück. Erwartungsvoll sassen wir unter dem grossen Baum, als er unvermittelt vor uns stand und uns nach unserer Herkunft befragte. Schliesslich fragte ich ihn nach seinem Namen.

„K. Krishnamurti" gab er zur Antwort.
Ungläubig starrte ich ihn an - „Aber der ist doch gestorben", meinte ich dann.

Wieder lächelte er. Oh ja, dies wisse er schon, aber es gäbe viele Menschen mit dem Namen Krishnamurti in Indien. Er selbst käme aus der Gegend von Bangalore und sei Farmer. Jiddu habe er zu Lebzeiten gekannt und seine Lehren sehr geschätzt - allerdings existiere nur eine Wahrheit, wenn auch mit vielen Gesichtern.

Nun forderte er uns auf, ihm jedwelche Fragen zu stellen, was wir mit Freuden taten. Es ist unmöglich, unsere unzähligen Fragen zu zitieren; hier eine Auswahl, die einigermassen repräsentativ ist:

Wie kann ich mich vom Denken lösen?
Indem Du Dir bewusst wirst, dass jedes Denken der Vergangenheit entstammt.

Wie kann ich Wissen erlangen?
Wenn Du glaubst, Du weisst, dann tauchen viele Fragen auf. Wenn Du weisst, dass Du nicht weisst, dann entsteht Raum für die Wahrheit.

Wie kann ich mich wandeln?
Die Übernahme der eigenen Verantwortung ist die Grundvoraussetzung jeglichen Wandels.

Wann bin ich frei?
Wenn Du selbstverantwortlich bist.

Weshalb bin ich verspannt?
Der Ursprung aller Spannung ist Dein Wollen. Du versuchst, etwas anderes zu sein, als Du wirklich bist.

Weshalb bekämpfe ich andere Menschen?
Der Kampf mit anderen ist nur ein Trick, den inneren Kampf mit dem Ego zu vermeiden.

Wie erlange ich Glaubwürdigkeit?
Du selbst traust Dir nicht - weshalb soll Dir jemand anders trauen?

Was ist Moral?
Moral beschäftigt sich mit dem Tun, statt mit dem Sein.

Woraus besteht der Mensch?
Aus drei Teilen: Erinnerung, Vergessen, Wissen.

Was ist Krankheit?
Gegenfrage: Wo stellst Du sie fest?
Am Körper.
Woher weisst Du, dass es Krankheit ist?
Durch meine Gedanken.
Aber auch Dein Körper ist nur eine Projektion Deiner Gedanken - ist diese weg, ist es auch die Krankheit.

Die Ursache einer Krankheit kann somit nur in der Ursache Deiner Gedanken gefunden werden.

Wie begegne ich dem Bösen?
Entdecke es in Dir selber und es verliert seinen Stachel.

Was ist die Bedeutung der Liebe?
Ohne Liebe ist alles Nichts.

Weshalb empfinde ich meinen Weg oft als leidvoll?
Weil ihr Christen das Leiden zur Tugend erkoren habt.

Was ist Toleranz?
Das zu achten, was Du nicht kennst und auch nicht verstehst.

Wie kann ich die Schönheit in der Natur entdecken?
Indem Du eins wirst mit ihr und vom Beobachter zum Beobachteten wirst.

Wie kann ich glücklich werden?
Indem Du Dich auf allen Ebenen des Seins bejahst und das liebst, was Du bist.

Wie erreiche ich unendliche Wahrheit?
Wahrheit ist kein Gegenstand, der in einer fernen

Zukunft erreichbar ist. Läge die Wahrheit in der Zukunft, wäre sie nicht unendlich.

Wie kann ich das Göttliche erreichen?
Indem Du es in Dir erkennst.

Was ist Weisheit?
Weisheit beginnt, wo Wissen endet.

Wo finde ich Erleuchtung?
Hier und jetzt.
Wer kann mir dabei helfen?
Niemand.

Diese Antwort erschütterte mich in meinen Grundfesten, war ich doch Jahre lang Schüler von verschiedenen Lehrern gewesen und schliesslich nach Indien gereist, um einen weiteren Lehrer (Meister) zu treffen.

Ich erinnerte mich, dass auch Sokrates einen ähnlichen Ausspruch geprägt hatte: „Ich wäre gerne jedermanns Schüler geworden, aber ich konnte von niemandem lernen."

Wie Hammerschläge empfand ich die Antworten und teilweisen Blitzerkenntnisse, die ich aber unmöglich so schnell verdauen konnte. Krishnamurti spürte dies offensichtlich, als er uns spontan fragte, ob wir nicht Hunger hätten. Es war in der Zwischenzeit ca. 22.00 Uhr geworden.

Dankbar liessen wir uns in ein nahe gelegenes indisches Restaurant führen, um zu essen und über Belangloses zu plaudern. Ihm selbst hatten die Fragen offenbar nicht zugesetzt, da er ausgesprochen frisch und fröhlich wirkte und uns einlud, ihn am nächsten Tage ein Stück des Weges nach Bangalore in seinem Auto zu begleiten.

Unsere gemeinsame Fahrt am nächsten Tage verlief dann ganz gemütlich, und ich vermied es, irgendwelche klugen Fragen zu stellen. Ich hatte nur den Wunsch, an den Strand nach Mahabalipuram zu fahren und die Gespräche zu verarbeiten. Die junge Japanerin wollte mich dabei begleiten, und so verabschiedeten wir uns von Krishnamurti etwas ausserhalb von Madras.
Er wollte keine Dankes- oder Abschiedszenen und fuhr einfach lächelnd davon.

Ich konnte mir nicht vorstellen, ihn jemals wiederzusehen.

Mahabalipuram erwartete uns als wunderschöner und mystischer Ort, geradezu ideal zur Entspannung. Doch schon nach kürzester Zeit tauchten alte Fragen wieder auf, und ich sehnte mich nach ausgiebigen Diskussionen. Die Japanerin war nach zwei Tagen nach Madras zurückgekehrt, und es war Heiligabend, den ich allein, bei herrlichem indischem Essen und Musikdarbietungen im Hotel zu verbringen gedachte.

Eine halbe Stunde vor Essensbeginn klopfte es sachte an meiner Hotel-Bungalow-Türe. Draussen stand die Japanerin in Begleitung von K. Krishnamurti. Meine Überraschung und Freude waren unbeschreiblich.

Sie hatte ihn „zufällig" in Madras wieder getroffen und er hatte sich spontan zum Weihnachtsbesuch bei mir entschlossen. Die beiden folgenden Tage vergingen wie im Fluge, und sie erscheinen mir noch heute wie ein Traum.

Endlose Spaziergänge am Meer entlang und erquickende Gespräche über das Sein begeisterten mich auf eine nie gekannte Weise.

Beim erneuten Abschied empfand ich eine tiefe Freundschaft diesem Manne gegenüber, und eine grosse Dankbarkeit für die geistige Führung, die mich auf diese Reise „geschickt" hatte. Eine Reise, die wenige Tage später nach einem Stopover in Sri Lanka wieder in der Schweiz endete.

Palmbibliothek in Bangalore 1991
Wie fähig die geistige Welt ist, Begegnungen zu ermöglichen, erfuhr ich zwei Jahre später erneut auf denkwürdige Art und Weise.

Im Dezember 1991 weilte ich in Bangalore und besuchte unter anderem die legendäre Palmbibliothek, Sri Shuka Foundation. Die Adresse war mir buchstäblich in die Hosentasche „geschmuggelt" worden. Der Inhalt dieser Palmblätter soll vor mehreren hundert Jahren geistig empfangen worden sein. Die Auswahl des Palmblattes wird aufgrund des Geburtsdatums des Gesuchstellers und des Datums der Sitzung vorgenommen.

Die zweistündige Privatsitzung beim Meister sehe ich noch heute als einen geistigen Höhepunkt im Erkennen meines eigenen Lebensmusters. Er kannte sämtliche wichtigen Angaben aus diesem Leben, beschrieb mir Zusammenhänge aus früheren Leben und weihte mich ein Stück weit in meine Zukunft ein. Da ich schon manche mediale Sitzung bekommen hatte, war ich nicht so schnell zu beeindrucken - aber bei dieser Begegnung fügte sich alles wie ein riesengrosses Puzzle zusammen zu einem ungeahnten und klaren Bild.

Auch die Reinkarnationshinweise von Daskalos, die ich im gleichen Jahre erhalten hatte, bestätigten sich; so dass für Zweifel kein Platz mehr übrig blieb.

Doch Bangalore wartete noch mit weiteren Überraschungen auf. Es passierte inmitten der Stadt, dass mir noch einmal Krishnamurti begegnen sollte. Er hatte mich offenbar entdeckt, auf dem Gehsteig gegenüber einer vierspurigen Hauptstrasse, als ich auf dem Einkaufsbummel war. Kurzerhand liess er sein Auto stehen und überquerte die Strasse, um mich freundlich am Ärmel zu zupfen. - Welche Freude!

So war es mir abermals vergönnt, Fragen zu stellen und mit ihm einen herrlichen Abend zu verbringen.

Bis heute bin ich ihm nicht mehr wiederbegegnet, vielleicht deshalb, weil ich in der Zwischenzeit eine Anzahl Fragen selber beantworten kann und eingesehen habe, dass sich die wohl wichtigsten Fragen nur durch das Leben selbst beantworten lassen.

Allerdings habe ich die geistige Reife noch nicht in dem Masse erlangt, dass ich keine Lehrer mehr benötigen würde.

Die Begegnungen mit den „Krishnamurtis" haben mich jedoch geprägt und ich bin heute sehr kritisch allen gegenüber, die als Meister auftreten oder sich gebären, als hätten sie das Wissen gepachtet. Gelernt habe ich auch, Lehrer zu unterscheiden. Wenig hilfreich sind jene, die zu wissen glauben, was für andere richtig ist, und die erwarten, dass ihre Erfahrungen und Erkenntnisse nachgelebt werden.

Moais

Woher kommst DU?

Wozu bist Du hier?

Wohin gehst DU?

Entdeckungen in Südamerika

Begegnung mit Daskalos 1991
1984 hatte ich während einer Weltreise durch 19 Länder mehrere Monate in den Anden verbracht. Als ich dazumal die Anden Richtung Schweiz verliess, musste ich schrecklich weinen - es war mir, als würde ich meine wahre Heimat zurücklassen.

Seit ich mich erinnern kann, übte Südamerika eine magische Wirkung auf mich aus. Musik aus den Anden konnte mich verzaubern, und erreichbare Bücher und Filme wurden geradezu verschlungen. Aber nach dem Besuch des Machu Picchu hatte ich des öfteren Träume und Visionen von alten Inka-Zeiten, und eine tiefe, unerklärliche Sehnsucht wuchs in meinem Innern.

Erst eine schicksalshafte Begegnung mit Daskalos, dem zypriotischen Heiler, brachte am 4.8.1991 in Luzern mehr Licht in meine Ahnungen. Obwohl wir uns nicht kannten, steuerte er geradewegs auf mich zu und begrüsste mich wie einen alten Freund.
„Wo bist Du zu Hause?" fragte er mich.

„Überall", erwiderte ich spontan.

„Das weiss ich schon", meinte er schalkhaft lächelnd, „aber woher beziehst Du Deine Energien?"

„Aus Peru", antwortete ich.

„Auch das weiss ich", meinte er lachend, „sei genauer".

„Aus Cusco", hörte ich mich selber sagen.

„Endlich", - seufzte er.

Damit sei er zufrieden, denn nun, da ich mir meines eigenen Ursprungs bewusst sei, könne er mir einige Geheimnisse anvertrauen. Wir beide hätten uns gekannt als Priester des Inkareiches. Ich sei wiedergekommen, um altes Wissen aus dieser Zeit im Westen zu offenbaren. Dazu würde ich aber noch längere Zeit brauchen, und wahrscheinlich wäre dies heute unsere einzige Begegnung in dieser Inkarnation. (Leider sollte er damit recht bekommen, was ich sehr bedaure.)

Er erzählte mir dann noch persönliche Begebenheiten, die unter uns bleiben werden, und testete meinen alten Inka-Sprachschatz.

Zum Schluss lud er meinen silbernen Inkaring mit Energie auf, und beim Abschied kam es mir wahrlich so vor, als würde ich einen sehr vertrauten Freund verabschieden, was mit Tränen verbunden war.

im heiligen Inkatal 1994
Im Juli 1993, während einem Ayahuasca-Ritual mit Leonardo Christo aus Brasilien, tauchten erneut Bilder und Eindrücke aus der Inka-Zeit auf. Dieses Mal so tiefgreifend und klar, dass mein Verlangen, zurückzukehren, sprunghaft wuchs und mich schliesslich im Oktober 1994 zurück nach Cusco brachte.

Obwohl die Anreise mit Schwierigkeiten nur so gespickt war, fühlte ich mich in ausgezeichneter Verfassung. Gerne war ich gleichzeitig einer Einladung von Anton Ponce de Leon gefolgt, zum Besuch von Samana Wasi einem einzigartigen Waisenhausprojekt, das ich finanziell unterstütze.

Samana Wasi liegt im wunderschönen heiligen Inka-Tal, in Urubamba. Rund 35 Kinder und Betreuer leben zusammen in einer Grossfamilie auf einem idyllischen Areal, auf dem Lamas frei herumlaufen.

Anton zeigte mir unter anderem ein angefangenes Haus, in dem bald alte Menschen (Grossväter und Grossmütter ohne Heim) einziehen sollen und das Familiengebilde sinnvoll ergänzen werden.

Anton ist ein Inka mit grosser Ausstrahlung und sein Buch, „Die Sonnenbruderschaft", erschienen im Aquamarin-Verlag, ist sehr lesenswert. Ich war Anton zwei Jahre zuvor unter glücklichen Umständen in Zürich begegnet.

Die Stimmungen und Energien, mit denen er Samana Wasi geprägt hat, führten schnell dazu, dass ich mich rundum wohl fühlte. Alle Bewohner essen am selben Tisch und verrichten auch gemeinsam die Hausarbeiten. Am Morgen begrüsst man sich mit einem Küsschen auf die Wange - wahrlich, eine seltene Idylle.

Ich schlief jeweils herrlich, hatte aber in der Nacht auf den 16.10. einen bedeutsamen Traum, in dem mir gesagt wurde, ich solle mich in die Berge aufmachen für eine wichtige Begegnung mit einem Inka-Heiler.

Frühmorgens, es war Sonntag, begrüsste mich strahlender Sonnenschein, und mit unwiderstehlicher Kraft zog es mich hinaus Richtung Berge. Ganz allein marschierte ich los, besass weder Karte noch irgendwelche Informationen. Nur mit Turnschuhen, Hemd und Hose bekleidet, aber ohne Jacke, Bergausrüstung, Nahrung oder dergleichen, gings aufwärts. Ich befragte Indios, die unterwegs waren zum Sonntagsmarkt, ob sie einen Curandero (Heiler) hier in der Gegend kennen würden. Aber sie schüttelten nur den Kopf und liefen weiter.

Erst eine alte Indiofrau, mit einem Reisigbündel beladen, musterte mich eindringlich und wies dann auf einen entfernten Bergrücken.

Dort oben auf dem Berg, „Berg, aus dem das Wasser fliesst", wohne der alte Heiler Julian, genannt „El Torque"; aber es führe kein Weg hinauf, und zuvor müsste ich den Fluss überqueren. Es gäbe keine Brücke, nur eine Furt, weiter oben, bei einer Biegung, wo der Fusspfad nahe an den Fluss herankomme.

Ich bedankte mich und schätzte innerlich kurz die Wegstrecke. Eine Höhe von ca. 4500 Metern dürfte der Bergrücken schon haben, aber ich befand mich ja bereits auf mind. 3300 Metern. Also steuerte ich stracks weiter meinem Ziel entgegen. Die Furt fand ich schnell und überquerte den Fluss von Stein zu Stein hüpfend. Doch je mehr ich mich dem Berg näherte, desto mehr begannen nun echte Zweifel in mir zu nagen.

Wo die Hütte des Einsiedlers lag, war von unten nicht auszumachen, und der Berg war viel steiler, als es von weitem den Eindruck gemacht hatte, und oben sah er furchterregend felsig aus. Ernüchtert stand ich eine Weile still - mein Entschluss aufzugeben, war beinahe gefasst.

Da hörte ich Stimmen in der Nähe und entdeckte zwei junge Indios mit einem älteren Mann, die zusammen im Abhang nach Holz suchten. Ich erklärte ihnen mein Vorhaben, was bei ihnen Lachen und Kopfschütteln auslöste. Ich stand da, kam mir dumm vor und ärgerte mich über mich selbst.
Doch wie wäre es, wenn mich die 2 Burschen führen würden? Es war die rettende Idee, und es gelang mir, die beiden zu überzeugen. So machten wir uns

zu dritt weiter, und ich spürte eine grosse Freude und Spannung. Allerdings nicht lange, denn die zwei Burschen rannten buchstäblich den Berg hoch, und ich fiel drei Mal erschöpft zusammen. Beim dritten Mal, kurz vor dem Bergrücken, inmitten der Felswand, auf einem schmalen Bord, kam ich endgültig nicht mehr hoch. Mein Atem ging sehr flach.

Die Burschen berieten kurz untereinander und einer entschloss sich, El Torque zu holen, und der andere wachte bei mir. Nach rund 15 Minuten war Hundegebell zu vernehmen, und der Bursche in Begleitung des alten Heilers tauchte auf. Es war das zweite Mal in meinem Leben, dass mich Augen wie Feuerstrahlen trafen.

Ich sprang auf, als wäre ich nie erschöpft zusammengebrochen. El Torque ergriff meine Hände und sprach etwas auf Quechua, der Indio-Sprache, die ich kaum verstand. Glücklicherweise konnten die Burschen übersetzen.
Er erzählte, dass er mit fünf Hunden und einigen Schafen allein hier oben leben würde und seit vielen Jahren nicht mehr ins Tal abgestiegen sei.

Früher hätte er viele Kräuter gesammelt, die er Kranken ins Dorf gebracht habe - aber jetzt sei er zu alt. Ob ich bei ihm Gast sein möchte, denn noch nie sei ein „Gringo" zu ihm raufgestiegen.

Ich zögerte zuerst, doch dann kam mir in den Sinn, dass ich im Waisenhaus niemand über meinen Weggang informiert hatte und man mich wohl spätestens beim Einnachten suchen würde. So lehnte ich dankend ab und beantwortete ihm Fragen, die er zu meinem Leben stellte. Schliesslich fragte er, ob ich Heilkräuter benötigen würde. Eine Weile überlegte ich, was mir denn überhaupt fehlen würde - ich fand aber spontan nichts, denn selten zuvor in meinem Leben hatte ich mich so energetisiert und gesund gefühlt.

Dabei schweifte mein Blick etwas in die Ferne - als ich urplötzlich zutiefst erschrak. Im Hintergrund war eine rabenschwarze Wand hinter den Schneebergen aufgetaucht.
Bestürzt deutete ich in die Richtung. Der alte Mann nickte, lächelte und erklärte ruhig, dass es in ca. einer Stunde einen grossen Schneesturm geben würde. Ich fragte ihn, ob wir es schaffen würden,

den Berg heil hinunter zu kommen. Da wiegte er nur bedächtig den Kopf. Nun wusste ich, was für einen Wunsch ich an ihn richten sollte. Ich bat um seinen Segen.

Mir schien, dass er überrascht und auch verlegen war. Doch dann nahm er mich in seine Arme, und ich verlor für Bruchteile mein Körpergefühl - Lichtenergien durchfuhren mich wie Blitze.
Ein letzter, dankender Blick und Händedruck beendeten unsere kurze, schicksalshafte Begegnung.

Zu dritt sprangen wir in atemberaubendem Tempo den Berg hinunter, und ich fiel kein einziges Mal hin. Selbst als wir um eine grosse Schlange einen Bogen machen mussten, brach ich nicht in Panik aus. Nichts berührte mich; es war mir, als würde ich schweben.

Nach genau einer Stunde Hetzjagd trafen wir unten ein, am Ort, wo der ältere Begleiter der Burschen wartete und bereits die ersten Tropfen zu spüren waren.

Kaum hatte ich mich verabschiedet, ging alles rasend schnell. Im Eiltempo dem Fluss zu laufend, kam von hinten eine eisige „Flutwelle". Hagelkörner deckten mich ein, und eisiger Wind schubste mich nach vorne. Die Sicht war verflogen; der Sturm tobte mit einer unvergesslichen Gewalt.

Wie ich die Furt über den Fluss wieder fand und durchfroren und durchnässt den Weg allein zurück zum Waisenhaus, wird mir immer ein grosses Rätsel bleiben.

Die Waisenhausmutter stellte keine Fragen, als sie mich sah. Sie beorderte augenblicklich eine heisse Dusche, und eifrigst wurde Kräutertee gekocht. Sie selber kannte El Torque nicht, und die Geschichte erschien ihr unglaublich - aber ich war auch gar nicht erpicht, irgend jemanden vom geglückten Abenteuer zu überzeugen - ich war einfach selig, ein warmes und trockenes Heim zu haben.

in Puerto Maldonado
Einige Tage später, nachdem mich der Machu Picchu ein zweites Mal in seinen Bann gezogen hatte, kehrte ich nach Cusco zurück. In einem

kleinen Laden am Hauptplatz ergab es sich dann, dass ich ein seltsames Buch fand mit dem Titel „Das Geheimnis der Anden" von Brother Philip, in spanischer Sprache, derer ich glücklicherweise einigermassen mächtig bin.

Merkwürdige Umstände führten dann dazu, dass ich zwei Tage später in Puerto Maldonado, mitten im peruanischen Dschungel, landete. Ich kannte den Ort nicht und wusste auch nicht, was ich hier tun sollte. Ein junger Holländer hatte mich zu diesem Trip überreden können und war, kaum angekommen, bereits auf Pirsch im Dschungel verschwunden.

Doch dazu hatte ich nicht die geringste Lust, und so begann ich, auf der Veranda eines verkommenen alten Hotels sitzend, im Buch zu lesen. Das Buch erzählt vom Erdteil Lemuria, der vor 32'000 Jahren untergegangen sei und dessen Spuren an drei Orten zu finden seien; in einem Seitenarm des heiligen Inkatales, im Titicacasee und im Dschungelgebiet, offenbar nahe dem heutigen Puerto Maldonado.
Hier in der Nähe, versteckt im Dschungel, sollen die letzten Nachkommen von Lemuria leben. Auch von

untergegangen Städten, die noch nicht entdeckt seien, war darin die Rede. Die ganze Geschichte klang phantastisch und geradezu märchenhaft. Es konnte doch nicht sein, dass die Geheimnisse unserer Welt so greifbar nahe waren.

Waren die Menschen in früheren Zeiten tatsächlich von Wesen aus hochentwickelten Kulturen anderer Planeten geführt worden?

Oder war man früher einfach fähig, mit geistigen Wesenheiten direkt zu kommunizieren, und sich auf diese Art einer hochstehenden Führungsqualität anzuvertrauen?

Wären nicht gleichzeitig beim Lesen ungeheure Energien durch mich hindurchgefahren, hätte ich wohl das Ganze als unglaubwürdig abqualifiziert. So aber hatte ich den Eindruck, einem ganz kleinen Stück der Schöpfungsgeschichte begegnet zu sein und ich spürte, dass es etwas mit dem mir von Daskalos geschilderten Lebensauftrag zu tun haben könnte.

Die drei Tage im Dschungel verbrachte ich mit Spaziergängen am Fluss und Meditationen, die mir Kontakte geistiger Art zu den Lemurern ermöglichten.

Ihre Gespräche verlaufen in bildhafter Art, aber so, als wäre ich mit ihnen gleichzeitig ein Teil dieser Bilder. Eine Art Kommunikation, die ich noch nicht kannte. Bisher gelang es mir aber nicht, ihre Durchsagen festzuhalten. Wenn sie nahe kommen, empfinde ich in mir augenblicklich ein Gefühl von unsagbarer Freiheit und Frieden; grenzenlose Liebe durchflutet mich.
Dabei schwingt ein Stück Wehmut und Trauer mit, von der ich nicht weiss, ob sie von mir selber kommt.

Für mich ist es ein grosser Segen, mit diesen Energien in Berührung gekommen zu sein, wenn auch irdische Begegnungen oder Bestätigungen bis anhin ausblieben. Ich weiss, dass ich wieder zurückkehren werde und derzeit noch nicht reif bin, dieser Schwingungsebene direkt zu begegnen.

Eine starke, positive Zuversicht erleichterte meinen Abschied und meine „Heimkehr".

auf der Osterinsel 1996

Über ein Jahr später hielt ich das Buch „Kasskara und die 7 Welten"; die Geschichte der Menschheit in der Ueberlieferung der Hopi-Indianer, von J.F. Blumrich in den Händen. Ich hätte tanzen können vor Freude, denn es war mir, als hätte ich erneut einen wesentlichen Mosaikstein gefunden.

Wiederum waren die Zusammenhänge mit dem gesunkenen Erdteil Lemuria und den indianischen Kulturen offensichtlich. Aber nicht nur die Inkas, sondern auch die anderen grossen indianischen Kulturen wie die Olmeken, Maya, Azteken, Hopi und weitere Völker wurden auf denselben Ursprung zurückgeführt.

Ob sich die Menschheitsentwicklung wirklich so zugetragen hat, kann ich nicht beurteilen, sie scheint mir aber einiges wahrscheinlicher als alle anderen Versionen, angefangen von der biblischen bis zur darwinschen Interpretation.

Einer der wenigen kontinentalen Überreste von Lemuria, das im Pazifik gelegen war, wäre demnach die Osterinsel. Der Anblick der Moai-Statuen hatte mich stets fasziniert; aber jetzt, im Zusammenhang mit den Hopi-Ueberlieferungen, durchströmte mich erneut diese seltsam vibrierende Energie. Lag dort vielleicht der Schlüssel zur nächsten Türe?

Es war unmöglich, dem Drang zu widerstehen. So stand ich denn im Dezember 1996 auf dem Vulkan Rano Raraku, der „Geburtsstätte" der Moais und empfand eine tiefe Ehrfurcht bisher unbekannten Ausmasses. Weder die Pyramiden von Gizeh, noch der Sonnentempel von Tiahuanaco/Mexiko hatten solche Energieströme und Bewunderung ausgelöst.

Ganz ergriffen, sah ich mit meinem inneren Auge in rasender Folge Bilder meiner Reisen an den Titicacasee, auf den Machu Picchu, im heiligen Inkatal und in den Dschungel um Puerto Maldonado. Es muss einen Zusammenhang geben, aber welchen?

Doch mehr Informationen erhielt ich nicht, und die Inselenergie packte mich auf eigene Weise. Sie beflügelte mich derart, dass eine Fusswanderung zum heiligen Kult-Platz „Rongo Rongo" sowie ein stürmischer Ausritt der Küste entlang drin lagen.

Mein Reisebegleiter Stephan und ich genossen es zusehends, Entdeckungen auf der Insel im Sinne von „Thor Heyerdahl" zu machen. Erstaunlich war dabei unsere Bekanntschaft mit einem jungen Insulaner, der rote Haare und einen hellen Teint hat. Er erzählte uns stolz, dass er der einzige sei mit diesen Körpermerkmalen, von denen schon Heyerdahl berichtet hatte.

Es existieren Sagen, nach denen vor Urzeiten gottähnliche Wesen mit roten Haaren und weisser Hautfarbe hier erschienen seien. Seither würden immer wieder Menschen mit roten Haaren und weissem Teint geboren. Ein Hinweis auf die roten Haare ist auch im merkwürdigen Umstand zu suchen, dass die Moai-Statuen allesamt eine Kopfbedeckung aus rotem Stein tragen.

Auf alle Fälle empfanden wir diesen jungen Mann, mit dem sich als einziger spontan eine Freundschaft entwickelte, als energetisch, aber auch vom Wesen her sehr verschieden von den anderen Insulanern. Seine Sensitivität war zudem aussergewöhnlich.
Ob er wohl unbewusst einen genetischen Code mit sich trägt, der eines Tages wieder reaktiviert wird?

Ganz anders verlief eine Begegnung, die an einem Abend in der Schule von Hanga Roa stattfand. Eine ältere Insulanerin hatte uns zur diesjährigen Schuldiplomfeier aufgefordert.

Da ich durch sie in den Besitz einer für den Film „Rapa-Nui" authentisch angefertigten Häuptlingsfederkrone gekommen war, befürwortete ich diesen Besuch, obwohl wir eigentlich nicht die geringste Lust nach Schulfesten verspürten.

So standen wir denn etwas verloren draussen im Schulhof vor dem festlich geschmückten Saaleingang, um uns herum Insulaner-Schulteenager mit ihren Familienangehörigen in traditioneller Festkleidung. Weit und breit keine weissen Chilenen und schon gar keine Westler.

Da zuckte ich zusammen und stiess meinen Begleiter an. „Siehst du diesen Mann dort, der soeben in den Hof getreten ist", zischte ich ihm zu. „Er hat eine unglaubliche Ausstrahlung und eine Lichtaura, die selten zu sehen ist. Bestimmt ist er ein Häuptling oder Schamane."

Kaum gesagt, spürte ich ein weiteres Mal in meinem Leben Lichtblitze aus einem Augenpaar. Mein Atem wurde hastiger.

Da schritt der Mann direkt auf uns zu und streckte uns seine Hand entgegen. Er begrüsste uns auf spanisch und meinte, er wäre erfreut, uns hier zu begegnen.
Woher der uns wohl kennt, überlegte ich einen Moment.
Doch schon war er wieder weg, und wir blieben wie gebannt stehen und starrten zur Türe eines Raumes, in dem er verschwunden war.

Es dauerte jedoch keine fünf Minuten, bis er wieder herauskam und erneut direkt auf uns zusteuerte, um lächelnd zu fragen, woher wir kämen. Nach einer kurzen Erklärung fragte ich ihn, wer er sei.
Er fragte zurück, was ich damit meine.
Nun, vorsichtig formulierte ich meine Vermutung, dass er ein Häuptling oder dergleichen sei, was ihn sehr zu belustigen schien.
Oh nein, er putze nur den Abfall der Menschen hier weg und hole daneben die höhere Schulausbildung nach.

Obwohl ich weiss, dass sich ein echter Meister niemals als Meister darstellen würde, war die Vorstellung, dass er Kehricht sammelt, für mich doch etwas weit hergeholt.

Als er merkte, dass ich daran zweifelte, wiederholte er seine Worte und schaute mir dabei fest in die Augen, sodass ich glaubte, den Boden unter den Füssen zu verlieren.

Stromstossähnliche Energien flossen durch mich.

Auch Stephan, der solche oder ähnliche Energien wohl noch nie zuvor erlebt hatte, war zutiefst beeindruckt und fasziniert von diesem Mann, der vielleicht auf 40 Jahre zu schätzen war.

Weitere Fragen erschienen sich da zu erübrigen.

Herzlichst wünschte er uns alles Gute auf Rapa Nui und für unser Leben und verabschiedete sich.

Es war uns, als würde sein Blick ständig hinter uns glühen während der nun folgenden Schulzeremonie, auf die wir ansonsten gut hätten verzichten können. Doch die Begegnung mit diesem Mann wäre uns einige Schulfeiern wert gewesen. Sie hat eine tiefe Spur in unserem Inneren zurückgelassen, unbeschreibbar für Aussenstehende.

die Zeit ist reif

Ein weiteres Mal hatte mich eine Reise nach Südamerika auf eine Art und Weise beschenkt und inspiriert, wie ich es in meinen kühnsten Träumen nicht hätte erahnen können. Und einmal mehr waren es Begegnungen und Energiewahrnehmungen die einen Weg gewiesen hatten, dessen Ziel noch im Verborgenen liegt.

Es wäre somit verfrüht, neue Theorien der Menschheitsentwicklung darzustellen; das Bild ist erst im Entstehen. Eines steht aber für mich bereits fest: Die Menschheit sucht nach ihrem wahren Ursprung und verloren gegangenen Werten, die sich am ehesten in indianischen Philosophien und Lebensweisen bewahrt haben.

Diese Suche zeigt sich unter anderem in Form der spirituellen Revolution, die die westliche Kultur erfasst hat.

Es wäre müssig, die Prophezeiungen von indianischen Sehern zu wiederholen - wir sind bereits mitten drin im Untergang einer seelenlosen, materiesüchtigen und selbstüberheblichen Kultur, ohne Achtung und Gefühle für unsere Mutter Erde und den Tieren, deren gequälte Schreie selbst weniger sensitive Menschen langsam unerträglich finden.

Selbstzerstörung ist offenbar angesagt.

Leider tragen die grossen Religionen dazu bei, da sie das Paradies nach überallhin verlegen, ausser auf die Erde selber.

Für uns Menschen geht es dabei längst um mehr, als um die Rettung unserer Körper oder von Hab und Gut. Es geht um die Anhebung unserer Seelenschwingung, um mit geistigen, helfenden Lichtenergien in Resonanz zu gelangen.

Die eigene Entwicklung und der Einsatz von Seelenqualitäten wie Sanftmut, Toleranz, Vertrauen, Liebesfähigkeit, Friedfertigkeit, Ehrlichkeit, Gerechtigkeit, Treue, Bescheidenheit, Verantwortlichkeit und anderem mehr, stehen dabei im Vordergrund.

Angst vor der Zukunft ist fehl am Platz - aber Arbeit an sich selbst, bestmögliche Unterstützung von

Mitmenschen, die sich dabei schwer tun, sowie Hilfe für Natur- und Tierwelt wollen umgesetzt werden.

Mögest Du, lieber Leser, das einzig Richtige tun - nämlich das, was Du selber, zutiefst im eigenen Herzen, verantworten kannst und wozu der Einsatz sämtlicher Deiner Fähigkeiten und Möglichkeiten gehört.

Schau dabei weder nach rechts noch links.

Jede gute Tat ist gleich wichtig.

Entsprechende geistige Hilfe ist Dir gewiss.

George Paul in geistiger Einstimmung

Selbstfindung und Entwicklung

Entwicklung ohne Ende

Es gab eine Zeit, da dachte ich, ich hätte mich gefunden. Danach gab es eine Zeit, da glaubte ich, dass ich Selbstfindung verschiedensten Therapeuten immer wieder aufs neue übertragen könnte. Heute weiss ich, dass beides Unsinn ist.

Sich finden ist eine Aufgabe, die niemals endet.

Sie ist wie das Schälen einer Zwiebel - kaum ist eine Schicht gelöst, wartet schon die nächste. Diese Erkenntnis hat mir eine tiefe innere Ruhe gebracht; die Angst, die Erleuchtung demnächst zu verpassen, ist verschwunden.

Beruhigt hat mich auch der Umstand, dass selbst die „grössten Meister" noch eifrig am Schälen ihrer eigenen Zwiebel sind. Bewahren möge man mich vor denen, die sich darüber erhaben fühlen.

Langweilig oder dumm wäre es lediglich, das ganze Leben lang dieselbe Schale stets von neuem zu schälen. Oder anders gesagt: Einen Fehler zu machen ist keine Schande, aber immer den gleichen.

Im therapeutischen Sinne hat es sich gezeigt, dass man oft den Menschen am besten helfen kann, die vor einem Problem stehen, das man selber erfolgreich gelöst hat. So rekrutieren sich z.B. die besten Drogentherapeuten aus Menschen, die ihre eigene Sucht besiegt haben.
Auch alte Kulturen haben Heilerkompetenz öfters Menschen übertragen, die selber eine tödliche Krankheit überwunden haben.

als multidimensionales Wesen
Die Entdeckung, dass Vergangenheit zu einer meiner permanenten Energieschwingungen gehört, ist für mich vergleichbar mit dem Begriff von Unsterblichkeit.

Die Rückführungen im Light Institut von Chris Griscom in Galisteo 1988 waren für mich Sternstunden der Selbsterkenntnis, die ich nicht missen möchte.

Durch das geistige Heilen erfuhr ich dann eine weitere Dimension: die des Verschmelzens mit anderen Menschen oder Lebewesen. Die energetische Einswerdung ist sehr bedeutungsvoll für die Wahrnehmung der Hilfe, die notwendig ist.

Daraus folgte die Erkenntnis, dass wir ein Teil von allem sind und alles ein Teil von uns selbst.

Mehr Schwierigkeiten machte mir das Akzeptieren meiner geistigen Dimension, die sich bei spiritueller Tätigkeit stark verändert. Im Oktober 1989 machte Michael Hutchison (Forscher und Autor von „Megabrain") ein Experiment mit mir.
Der eingesetzte Mind-Mirror konnte visuell aufzeigen, dass sich meine Gehirnschwingungen bei geistiger Kontaktaufnahme augenblicklich umstellen.
Beide Gehirnhälften schwingen sofort synchron, Betawellen (Verstand) und oberer Teil des Thetabereiches (persönliches Unterbewusstsein) bilden sich auf ein Minimum zurück, Alphawellen (Öffnung nach Innen), unterer Thetabereich (kollektives Unterbewusstsein) und Deltabereich

(Transformation von Energien) bilden sich auf maximale Werte.

Die daraus entstandene Figur bezeichnete Michael als typischen „Heilerenergie-Christbaum", den er bei Heilern verschiedenster Herkunft hatte beobachten können.

Auch andere Experimente von Günther Haffelder an den Basler PSI-Tagen 1992 oder mittels Kirlian-Fotographie von Dr. Rainer Rieder zeigten mir auf eindrucksvolle Art, dass sich meine Energie auf eine Art und Weise veränderte, die mich anfänglich beunruhigte. Dazu kam das Gefühl, sich selber von aussen beobachten zu können und sich praktisch selber zuzuhören.

Heute habe ich mich daran gewöhnt. Ich weiss, dass es energetisch unerlässlich ist, dass ich persönlich bei Heilvorgängen „ausgeschaltet" werde, zum Wohle meiner Patienten und zum Wohle von mir selbst.

Zudem hat sich über die Jahre eine gute Zusammenarbeit, ja sogar Freundschaft zur geistigen Führung entwickelt. Sie respektiert meine persönliche Freiheit vollumfänglich und hat mich noch niemals enttäuscht.

Meine Erfahrung hat mich ausserdem gelehrt, dass grundsätzlich alle Menschen, die mit geistigen Energien zur Zusammenarbeit bereit sind, genau die richtigen Hilfen und Führungen erhalten. Bedauerlich ist die Unsitte, geistige Führungen mit klingenden Namen zu versehen, um das unselige Machtspiel unserer Welt auf die geistige zu übertragen.

(Schein-) Heiligkeit

Heilig werden war eigentlich nie ein Bedürfnis von mir, und doch rutschte auch ich in diese altbekannte Falle. So versuchte ich eine Weile tapfer, meine irdischen Bedürfnisse und Freuden zu disziplinieren, ja gar auszurotten - nur um zu merken, dass sie sich umgehend durch die Hintertüre um so heftiger zurückmeldeten.

Heute möchte ich nicht mehr besser sein als andere. Ich finde menschliche Schwächen direkt liebenswert und natürlich, was nicht heisst, dass sie nicht bearbeitet werden sollen.

Mein einziger Wunsch ist, so zu sein, wie es meinem Inneren entspricht und niemandem bewusst Schaden zuzufügen. Sicherlich bin ich nicht der einzige, der dabei herausgefunden hat, wie schwierig es oft ist, ehrlich zu sein.

Vor allem weil es scheint, als ob die Mitmenschen sich verschworen hätten, einen bei allem was man tut und sagt, auf immer und ewig festzunageln. Dies ist auch ein Grund, weshalb ich bis heute kein Buch herausgeben wollte und mich auch mit dauerhaften Zweierbeziehungen im herkömmlichen Sinne schwer tue. Man lasse mich beifügen, dass es niemandem zu verwehren sei, über Nacht klüger zu werden.

Meinen Freiheitsdrang akzeptiere ich mittlerweile als eine Charaktereigenschaft, die zu mir gehört, und ohne die ich meinen spirituellen Lebensweg nicht gleichermassen gegangen wäre. Offenbar bringt jeder Mensch genau die richtigen Charakteranlagen und sonstigen Voraussetzungen ins Leben mit, um sich sinnvoll zu entwickeln und auch einen Teil zur Gesamtentwicklung beizutragen.

So gesehen ist jeder als Glied einer langen Kette gleich wichtig und „heilig".

Heilung durch Bewusstheit
Einige Leser vermissen vielleicht umfassende Ausführungen zum Thema des geistigen Heilens. Ich möchte sie verweisen auf genügend empfehlenswerte Literatur in diesem Bereich wie z.B. „Das ist Geistheilung" von Alan Young, „Das grosse Buch vom geistigen Heilen" von Dr. Harald Wiesendanger, oder „Zuerst heile den Geist" von Tom Johanson.

Von allen Systemen und Theorien räume ich jedoch dem Heilen durch Bewusstheit Priorität ein. Die Übertragung von Heilenergie soll dem Patienten Impulse geben, die sein Selbstheilungspotential stärken und sein Bewusstsein erhellen.

Echte Heilung bedeutet, Einsicht und Erkenntnis zu erhalten und dadurch motiviert zu werden, etwas im Leben zu verändern. Ein solcher Heilprozess benötigt meist einige Zeit und Transformationsarbeit, die zwar begleitet wird, jedoch unter der

Verantwortung und Entscheidungsfreiheit eines mündigen Patienten zu verbleiben hat.

Nur zu oft werden leider von den Medien oder an Kongressen Heiler herausgehoben, die „Wunder" oder Instant-Healings vollbringen, ja selbst für ganze Massen die notwendige Heilungsarbeit zu übernehmen scheinen. Mit spiritueller Heilung haben solche Effekte nichts zu tun; sie kopieren lediglich ausgediente Erwartungsmuster, die an allmächtige Medizin-Götter gestellt werden.

Vertrauensbildung
„Wenn Du alles willst, was geschieht, geschieht alles, was Du willst." An dieser Lebensweisheit habe ich mir schon privat wie in meiner Heilertätigkeit des öftern beinahe „die Zähne ausgebissen" - eine wirkliche Integration erscheint mir äusserst schwierig.

Als Heiler wurde ich diesbezüglich einer sehr eindrucksvollen Prüfung unterzogen. Beim Heilungsdienst ist das Vertrauen eminent wichtig, da man nie wissen kann, auf welche Weise und wie schnell die geistige Führung die kanalisierte Heilungsenergie umsetzt.

Im April 1990 weilte ich an einem spirituellen Kongress in Brasilien und trat auch im dortigen Fernsehen auf. Entsprechend folgten Einladungen, unter anderem zum Diner beim Alt-Gouverneur von Bahia. Nach dem Kaffee bat mich die Familie, dem Alt-Gouverneur, der schon im Greisenalter war, Heilung zu geben.

So legte ich meine Hände auf und freute mich, dass er sich offenbar gut entspannen konnte. Doch dann erschrak ich sehr. Sein Kopf war auf die Seite gekippt, und er schien nicht mehr zu atmen. Das durfte doch nicht wahr sein, dass er selig verschieden war, und ich womöglich dafür den Rest meines Lebens in einem bahianischen Gefängnis verbringen würde.

Angstschweiss brach aus. Ich flehte die geistige Führung an, mir das nicht anzutun und hielt meine Hand auf sein Herz. Er bewegte sich nicht und mein Vertrauen sackte auf einen Tiefpunkt. Wie erstarrt musste ich eine ganze Weile neben dem alten Mann gewartet haben. Schliesslich ergab ich mich meinem Schicksal und wollte die Tochter des Hauses rufen, um einen Arzt zu benachrichtigen. Just in diesem Momente fing er wieder zu atmen an. Es war mir, als wären zwei Menschen zum Leben erwacht.

Nach einer freundlichen Verabschiedung, weil der Alt-Gouverneur wie neugeboren wirkte, machte ich mich raschestens davon und bin seither für Diner-Einladungen sehr schlecht anzusprechen.

Werte und Wertungen
„Nur die im Geist Beschränkten unterscheiden, dies ist mein Freund und dies mein Feind. Der geistig Freie liebt sie alle, denn ungewiss, wer mehr ihm helfen wird."

Lass mich lieber Leser, dieses Zitat zum Anlass nehmen, Dir und allen Menschen zu danken, die mir bisher auf meinem Lebensweg begegnet sind. Insbesondere den Patienten, die mir durch ihre Probleme ermöglichten, mich im Spiegel anzutreffen; den Studenten, denen ich Lehrer sein durfte, um doch gleichzeitig auch von ihnen zu lernen.

Danke auch allen Kritikern, die mir schon alles Erdenkbare vorgeworfen haben. Einzig den Vorwurf, ich hätte keine Prinzipien, möchte ich hiermit in aller Form zurückweisen; denn mein oberstes Prinzip ist, dass ich keines habe. Alles andere mag stimmen, denn ich habe tatsächlich viele Gesichter, und jeder kann bekanntlich nur das sehen, was er zu sehen vermag.

Es liegt mir daran, die Personen aufzulisten, die mir auf dem Weg der Entwicklung wichtige Anstösse gaben, und ihnen damit auch zu danken. Die Liste mag etwas lang sein, andererseits habe ich den Eindruck, dass die Menschen, die bei mir Ausbildungen absolvieren, dadurch besser abschätzen können, wessen „Geistes Kind" ich bin, und woher ich meine Informationen habe.

Dona Lita Graf, Curitiba/Brasil, für ihre Belehrungen über die grossen tibetanischen Meister. *Don Perrote, USA,* der mir die indianische Denkart auf eindrückliche Weise vermittelte. *Don Eduardo de Calderon, Peru,* für die Einweihung in indianische Rituale und Mystik. *Anton Ponce de Leon, Cusco/Peru,* durch den ich die Inka-Lehren, aber auch echte Nächstenliebe erfuhr. *Divaldo Franco, Salvador/Brasil,* für den Zugang zur Welt des Spiritismus. *Torkom Saraydarian, Sedona/USA,* der sein grosses Wissen mit einer seltenen

Herzlichkeit verbinden konnte. Sein Werk „Joy and Healing" ist eine echte Perle in der Esoterik-Bücherflut. *K. Krishnamurti, Bangalore/India,* für seine Gespräche über Weisheit. *Pater Thomas Kulangara, Trivandrum/India,* für die Möglichkeit, praktizierte Christenliebe kennen zu lernen. *Daskalos, Cyprus,* für die Enträtselung meiner Vergangenheit und vieles mehr. *Chris Griscom, USA,* deren Ausstrahlung und Fröhlichkeit mich zur Reinkarnationsarbeit ermutigten. *Dr. Alawattegama, Sri Lanka,* dem ich Einweihung und Heilung durch Ayurveda verdanke. *Michael Hutchison, USA,* für seine beeindruckenden technischen Experimente. *Leslie H., England,* der mir das Tor zum geistigen Heilen öffnete. *Sue Rowlands, Bill Coller und Gaye Muir, England,* die mich von einem Weiterleben nach dem Tode überzeugen konnten, und deren Botschaften mir sehr weiterhalfen. *Tom Johanson, England,* dessen Humor und Heilerkompetenz ich bewundere. *Claire Better, Zürich,* für ihre Belehrungen über Anthroposophie. *Dr. Gian Cavegn, Zürich,* für seine meisterhafte Heilkombination von Homöopathie mit Astrologie. *Placido Palitayan, Baguio/Philippinen,* für die Einführung in Logurgie. *Renée Kaufmann, Zürich,* Lehrerin für Body Mind Integrative Therapy, für ihre Anstösse zur Arbeit an mir selber. *Prof Dr. Gertje Lathan, Deutschland,* für die Führung zu neuen geistigen Dimensionen. *Sarjan Daniel Keller, Zürich,* für den Zugang zu Osho und den Umgang mit Rebirthing. Danken möchte ich *Adelhaid Winkler, Zürich,* meiner langjährigen Sekretärin. Von aussen oft als graue Eminenz betitelt, für mich jedoch ein leuchtender Stern, ohne den ich nicht genug Kraft für den Aufbau des LIVITRAS gehabt hätte. *Néné von Muralt und Professor Alex Schneider, als herausragende Exponenten der Schweizer Parapsychologischen Gesellschaft, Zürich,* denen ich Förderung meines Wirkens und Zugang zur parapsychologischen Forschung verdanke. Von 1989-1992 amtete ich halbtagsweise als Sekretär der S.P.G., dessen Vorstand ich seit 1990 angehöre.

Paul Schneider, ehemaliger Geschäftsführer des SVNH (Schweizerischer Verband für Natürliches Heilen), für sein Vertrauen. 1989 erteilte ich erstmals Kurse für Geistheilung; 1994 erfolgte die Ernennung zum verantwortlichen Leiter der SVNH Fachkommission für Geistiges Heilen. Dieses schwierige Amt hat mich grosse Toleranz und Respekt für die Arbeit von HeilerkollegInnen gelehrt.

Dr. Harald Wiesendanger, Deutschland, erster Vorsitzender des DGH (Dachverbandes für Geistiges Heilen), dessen Fachkompetenz mich sehr beeindruckt hat. Seine Inspiration hat mich ermutigt, publizistisch tätig zu werden.